Für Siloé und Eline, *Qu. G.*

Lektorat Jürgen Lassig

© 2005 NordSüd Verlag AG, Gossau Zürich
Alle Rechte, auch die der Bearbeitung oder auszugsweisen
Vervielfältigung, gleich durch welche Medien, vorbehalten.
Lithographie: Photolitho AG, Gossau ZH
Gesetzt in der Gill Sans, 16 Punkt
Druck: Nørhaven Book A/S, Viborg
ISBN 3 314 01029 X

2. Auflage 2005

Besuchen Sie uns im Internet: www.nord-sued.com

Moritz Petz / Quentin Gréban

Ich freu mich so auf dich!

NordSüd

Noch fünf Tage, bis ich die Maus wiedersehe, dann ist meine Reise zu Ende. Heute war ich am Meer und habe eine Muschel gefunden. Die bringe ich der Maus mit. Dann kann sie sich die Muschel ans Ohr halten und das Meer rauschen hören. Als ob sie auch hier am Meer gewesen wäre.

Noch fünf Tage, bis ich den Igel wiedersehe. Jeden Abend um acht Uhr schauen wir auf den hellen Stern gleich links neben dem Mond. Und dann denken wir aneinander.

Noch vier Tage, bis wir uns wiedersehen. Heute habe ich
der Maus in einem Brief geschrieben, dass ich sie lieb habe.
Und den Brief habe ich per Luftpost abgeschickt. Was die
Maus wohl gerade macht?

Noch vier Tage, bis wir uns wiedersehen. Heute Morgen habe ich der Taube einen Brief für den Igel mitgegeben. Darin steht, dass ich ihn lieb habe. Hoffentlich bekommt er den Brief gleich. Wo der Igel wohl gerade ist?

Noch drei Tage, bis ich die Maus wiedersehe. Heute war ich wandern und habe zwei Kaninchen getroffen. Die waren sehr nett, aber sie waren so seltsam angezogen. Aber vielleicht sah ich ja für die Kaninchen auch seltsam aus? Mit niemandem kann ich über die Kaninchen reden! Ohne die Maus macht Verreisen keinen großen Spaß. Gute Nacht, liebe Maus!

Noch drei Tage, bis ich den Igel wiedersehe. Heute habe ich einen sehr netten Hasen getroffen. Wir haben Verstecken gespielt, und es hat großen Spaß gemacht. Aber noch mehr Spaß hätte es gemacht, wenn auch der Igel dabei gewesen wäre. Schade, dass er nicht da ist. Gute Nacht, lieber Igel.

Noch zwei Tage, bis ich die Maus wiedersehe. Ich bringe ihr auch etwas Schönes mit. Sie hat es sich schon längst gewünscht. Bestimmt denkt sie, ich hätte es vergessen. Aber jetzt hab ich es ihr gekauft. Hoffentlich freut sie sich darüber.

Noch zwei Tage, bis wir uns wiedersehen. Heute habe ich Musik gehört. Es war auch das Lied dabei, zu dem der Igel und ich immer tanzen. Ich bin so froh, dass wir bald wieder zusammen sind. Mit dem Igel macht alles viel mehr Spaß.

Noch einen Tag, bis ich die Maus wiedersehe. Wie jeden Abend
schaue ich auf den hellen Stern gleich links vom Mond und
denke an sie. Heute habe ich Post von der Maus bekommen,
einen Brief und ein Bild. Dabei fahre ich doch schon morgen
wieder heim! Wir wollen uns am Bahnhof treffen, am Zeitungs-
stand. Bestimmt bin ich viel aufgeregter als sie. Gute Nacht,
liebe Maus!

Nur noch einen Tag, bis wir uns wiedersehen! Morgen kommt
der Igel nach Hause. Wir werden uns am Bahnhof treffen,
am Blumenkiosk. Ich bin so aufgeregt, dass ich bestimmt nicht
schlafen kann.

»Da bist du ja, Igel! Ich hab so lange auf dich gewartet am Bahnhof. Und du warst einfach nicht da!«, ruft die Maus.

»Ach, liebe Maus. Bin ich froh, dass du da bist. Als ich dich am Bahnhof nicht gefunden habe, dachte ich schon, du hättest mich vergessen«, sagt der Igel.

»Dabei habe ich die ganze Zeit nur an dich gedacht.«

»Weißt du was?«, sagt der Igel. »Das nächste Mal verreisen wir gemeinsam!«